Comment Beau le Chat a appris l'espagnol

Cómo Beau el Gato ha aprendido el español

Un livre bilingue par **Lily Summer**

Copyright © 2017 by Lily Summer

ISBN 13: 978-1-58790-404-2

ISBN 10: 1-58790-404-7

All rights reserved.

Manufatured in the U.S.A.
REGENT PRESS
Berkeley, California
www.regentpress.net

La Signature de Beau

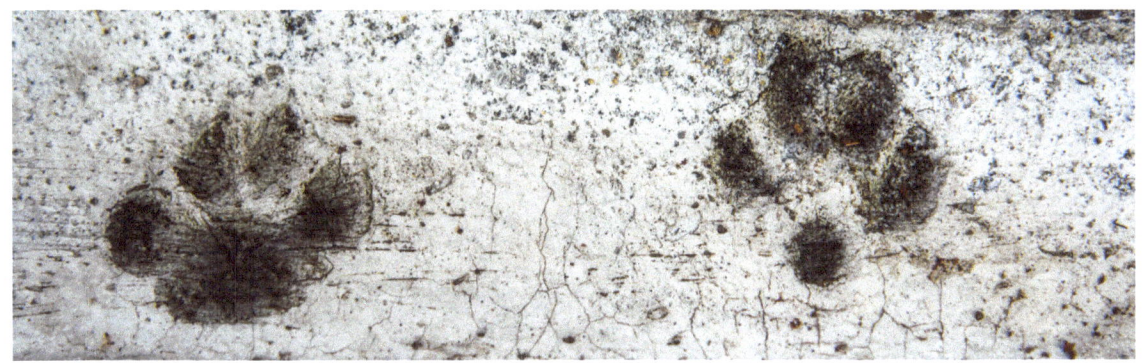

La firma de Beau

Mes remerciements à :

Mark Weiman, mon éditeur, pour son implication à la création de ce livre et son grand savoir professionnel.
Gayle Young, la "Maman" de Beau, qui a généreusement partagé son chat adoré avec moi.
Amélie Hassan, pour son sens artistique et ses précieuses capacités en design.
McKenna pour son magnifique portrait de Beau.

Muchas gracias :

A Mark Weiman, mi editor, para su dedicación a la creación de ese libro y su gran el conocimiento profesional.
A Gayle Young, la "Mamá" de Beau, que ha generosamente compartido su gato querido conmigo.
A Amélie Hassan para sus talentos de diseño.
A McKenna para sus magníficos retratos de Beau.

Beau veut aller à Madrid.

Beau quiere ir a Madrid.

Beau est gourmand. Il adore manger. Alors Beau réfléchit: "À Madrid on parle espagnol."

Beau es goloso. A él le gusta mucho comer. Así que Beau piensa: "En Madrid se habla español."

S'il veut bien manger à Madrid, il doit savoir dire poulet, saumon, thon, fromage, souris, crevette, paëlla aux fruits de mer et gambas a la plancha !

Si él quiere comer bien en Madrid, él tiene que saber decir pollo, salmón, atún, queso, rata, camarón, paella de mariscos y gambas a la plancha!

Une seule solution: Lisa. Tous les jours Beau a remarqué que des étudiants avec un cahier et un stylo arrivent chez elle pour apprendre l'espagnol. Lisa est professeur de langues. Alors Beau, l'air de rien, écoute, espionne et apprend.

Soló una solución: Lisa. Cada día Beau ha notado que estudiantes con un cuaderno y un bolígrafo vienen a su casa para aprender el español. Lisa es una profesora de lenguas. Así que Beau escucha en secreto, espia y aprende.

Dans la vasque pour oiseaux, il a appris à compter de un à dix: un, deux, trois, quatre, cinq, six, sept, huit, neuf, dix.

En la bañera para los pajaros, ha aprendido a contar desde uno hasta diez: uno, dos, tres, cuatro, cinco, seis, siete, ocho, nueve, diez.

Près du chapeau, il a appris le mot "poulet rôti".

Cerca del sombrero, ha aprendido la palabra "pollo asado".

Sur le fauteuil de jardin, il a appris à demander: "Je voudrais un bol d'eau s'il vous plaît."

En el sillón de jardin, ha aprendido a pedir: "Me gustaría un bol de agua, por favor."

Sur le canapé, il fait semblant de dormir et il a appris le mot "saumon fumé". Mais Beau n'aime que le saumon frais.

En el sofá, simulando dormir, ha aprendido la palabra "salmón ahumado." Pero a Beau soló le gusta salmón fresco.

Sous le lit, il a appris le mot "souris". Mais quand la souris est petite on dit une souricette. Beau est un chat. Maintenant il a deux ans, ce n'est plus un chaton.

Debajo de la cama ha aprendido la palabra "rata". Pero cuando la rata es pequeña se dice una ratita. Beau es un gato. Ahora él tiene dos años, no es un gatito.

Dans la voiture il a appris à prononcer les lettres de l'espagnol comme "jota", "rr" et "z". "Jota" et "z" sont les plus faciles pour lui car il sait ronronner. "rr" comme dans le mot "perro" (chien en espagnol) lui fait mal à la gorge. Bien sûr ! Pour la "jota" il s'est entraîné à dire: "Descends la cage de l'oiseau dans le jardin."

En el coche ha aprendido a pronunciar las letras del español cómo la jota, la rr y la zeta. La jota y la zeta son las más faciles para él porque sabe ronronear. La "rr" cómo en la palabra "perro" le duele la garganta ¡Claro! Para la jota se ha entrenado a decir:
"Abaja la jaula del pájaro en el jardín."

25

Lisa a beaucoup de patience. Elle prononce les mots clairement et plusieurs fois. Ainsi Beau apprend vite et bien. Dans le placard, Beau révise tout le vocabulaire et s'assure que Lisa n'oublie rien, surtout pas ses chaussures d'été.

Lisa tiene mucha paciencia. Ella pronuncia las palabras claramente y repetidamente. De esa manera Beau aprende bien y rápidamente. En el armorio, Beau revisa todo el vocabulario y se asegura que Lisa no se olvida nada, especialmente sus zapatos de verano.

Après quelques mois le voilà prêt et il se glisse dans la valise de Lisa. Lisa va partir à Madrid demain. Beau est très content, il a hâte de voir le Palais Royal et la Place Mayor.

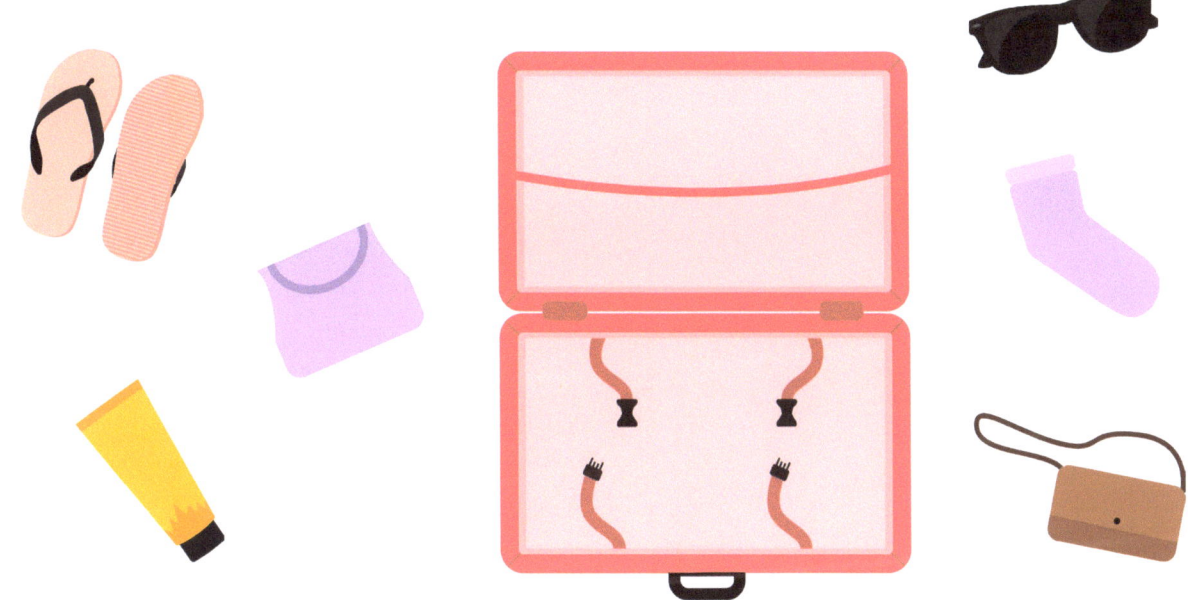

Después de unos meses él esta listo y se desaliza en la maleta de Lisa. Lisa se va a ir a Madrid mañana por la mañana. Beau es muy feliz, es impaciente ver el Palacio Real y la Plaza Mayor.

McKenna, une élève de Lisa en espagnol, a dessiné des portraits de Beau qui les a espionnées pendant leurs leçons.

McKenna, una alumna de Lisa en español, ha dibujado un retrato de Beau que les ha espiado durante sus lecciones.

Dessine Beau:

Dibuja Beau:

www.ingramcontent.com/pod-product-compliance
Lightning Source LLC
Chambersburg PA
CBHW041530070526
44586CB00002B/31